pot
ポット
ブックス

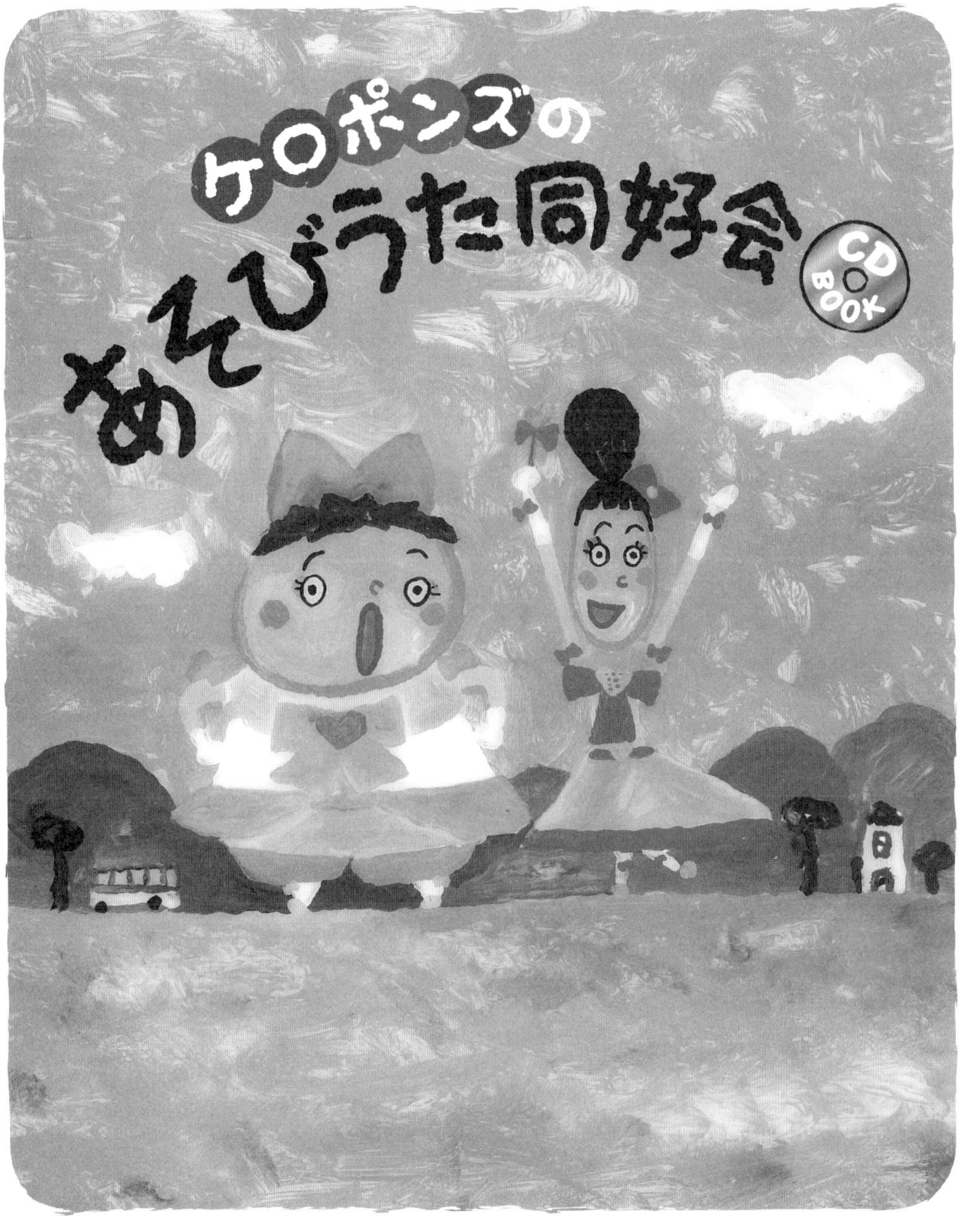
ケロポンズの
あそびうた同好会
CD BOOK

チャイルド本社

もくじ

ごあいさつ…3
ケロポンズ流 遊びのポイント…4

すぐに楽しめるあそびうた

はるるるる…6
たちましょう…10
わたしとエクササイズ…14
なげキッス…18
フルーツポンチ音頭…22
ジャックとジョン…26
フンフフン…30
おさるのウッキー…33
サンサンサンダ…38
オープン クローズ…42
サンドイッチ！…46

卒園の時期にピッタリの歌

あのひのことをわすれない…50
ツバメ…54

ケロポンズのケロちゃんとポンちゃんからの
ごあいさつ

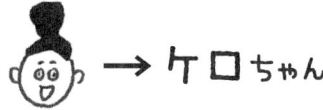 →ケロちゃん　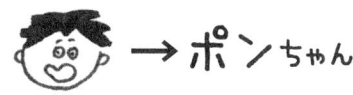 →ポンちゃん

「みなさん、あそびうた同好会へようこそ！」

「この同好会は"楽しい"を基本にあそびうたを考えている同好会なんですよ！」

「そうなんです。今までやってみたかった実験的な要素も取り入れてみました。」

「子どもたちと遊んでいるうちに、"こうしたらおもしろい！こうした方が楽しい"という感じで、みなさんもどんどんアレンジしたり工夫したりして遊んでみてください。」

「そして、いっぱい笑って楽しい毎日になったなら……」

「うれしいねえ！」

「ということで、子どもたちと思いっきり遊んでけろぽん～♪」

ケロポンズ流 遊びのポイント

ケロちゃんとポンちゃんが、あそびうたを子どもたちと楽しむための7つのポイントを教えてくれました!

遊びのポイント 1

子どもの表情が見えるようにしよう

座るときには子どもたちの表情が見えるようにしたいですね。体全体を使って遊ぶ場合は、できるだけ広いところで、隣同士がぶつからないように配慮しましょう。

遊びのポイント 2

1回やってみる!

まず保育者が1回、お手本としてどんなことをやるのか先に見せてもいいですね。それが楽しそうだと、遊びの動機づけにもなります。簡単な遊びなら、すぐに子どもといっしょにできるので、どんどんやってみましょう。

遊びのポイント 3

伴奏をつけても楽しい

手遊びなどの場合は、伴奏なしでうたってもいいし、伴奏をつけるならウクレレやギターなど子どもたちの近くにいられる楽器でできるといいですね。伴奏は無理につける必要はないので「つけられればいいな」くらいの軽い気持ちでやってみてください。

遊びのポイント ❹

子どもは飽きっぽい！

子どもって飽きっぽいですよね。でもそれが当たり前だし基本だと思います。その基本をふまえて、おおらかな気持ちで遊びましょう。

遊びのポイント ❺

楽しいことがいちばん！

飽きっぽい子どもたちですが、楽しいことにはすぐに食いつき、やり始めます。だから歌も遊びも楽しいことが大切。楽しい経験がどんどんやりたい気持ちを膨らませていきます。やらない子がいても大丈夫。その子はもしかしたら心の中で楽しんでいるのかもしれないし、今はそんな気分じゃないのかもしれません。子どもたちの反応を見ながら遊びましょう。

遊びのポイント ❻

クラスに合わせてアレンジを

この本の遊びをクラスでするときは、クラスの個性に合わせて自由にアレンジしてみてください。失敗しても大丈夫。違ったと思えばその時点で変えればいい。間違ったと思ったら素直にあやまればいい。子どもたちとは、何度でもやり直して、満足いくまで遊び込んでみましょう。

遊びのポイント ❼

保育者自身が楽しく！

とにかく保育者自身が楽しみましょう！　子どもたちはそれを感じ取ります。子どもたちは大人の数倍も、目に見えないことを感じ取る力を持っていると思います。もちろんひとりよがりではなく、子どもたちとのやりとりも楽しみながら、ぜひ、本気でいっしょに遊んじゃいましょう〜!!!

すぐに楽しめるあそびうた

はるるるる

春にぴったりの手軽なまねっこ遊びです。
新しいクラスの仲間と楽しく遊んで、みんな仲良しに!

春は新しいことが始まってワクワクドキドキ! あんまり緊張しすぎないように、こんな遊びでほぐれちゃってけろね。

春をさがしにお散歩もいいね!!

1回目

1　♪はるるる　るるるる
　　　はるるる　るるるる　はるるる

保育者と子どもたちが向かい合い、
両手でかいぐりをします。

2 ♪ちょうちょう！

保育者が「♪ちょうちょう！」と言います。

両手をひらひらさせて、ちょうちょうのまねをします。

2回目
「♪はるるる…はるるるる」は1の動作と同じ。

3 ♪チューリップ！

保育者が「♪チューリップ！」と言ったら、両手でチューリップの形を作ります。

3回目

4 ♪つくし！

保育者が「♪つくし！」と言ったら、両手の人さし指をつくしのようにつんと立てます。

4回目

5 ♪たけのこ！

保育者が「♪たけのこ！」と言ったら、両手を頭上で合わせて伸び、たけのこのまねをします。

慣れてきたら、テンポを上げて遊んでみましょう。「春といえばなにがある？」と子どもたちに問いかけて、いろいろな物のまねをしても楽しめます。

♪メダカ

♪さくら

♪おたまじゃくし

♪いちご

はるるるる

作詞／平田明子
作曲／増田裕子

は る る る る る る　は る る る る る る

は る る る る　る

ちょうちょう！
チューリップ！
つくし！
たけのこ！

すぐに楽しめるあそびうた

たちましょう

いつでもどこでもさっと取り組める、簡単な遊びです。
立ったり座ったり、歌詞に合わせてできるかな？

立ったり座ったり楽しく遊んでみましょう。いろいろな方言を調べて、うたってみてください。

言われたとおりに動く遊びです。慣れてきたら、間違いが誘えるようテンポよく遊んでみてね！

1　♪たちましょう

歌詞に合わせて、立ちます。

10

2 ♪すわりましょう

腰を降ろして座ります。

3 ♪たたないで

座ったままでストップ。

4 ♪たちましょう

立ち上がります。

たちましょう

作詞／平田明子
作曲／増田裕子

(1番＝標準語)	た ち ま しょう	す わり ま しょう
(2番＝関西弁)	た ー っ み	す わ っ て ん み
(3番＝広島弁)	た ち てん ちゃい	す わ り てん ちゃい
(4番＝ハワイ現地語)	エ ク ー マイ し	エ ー ノ ホ ベ マイ し
(5番＝津軽弁)	た づ べ し	す わ る べ し
(6番＝フランス語)	ルヴォン ヌ たちましょう	アセイヨンヌ すわりましょう
(7番＝標準語)	た ち ま しょう	す わ り ま しょう

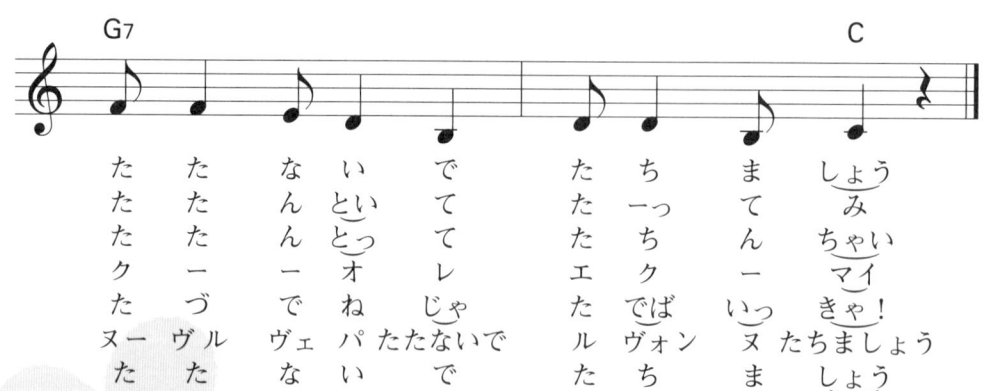

7番=標準語 (縦書き):
しょう まてん ちーっく たたエル でてて いいとっ なんーで たたーづ たたク
ちゃい きゃ! たちましょう
みちゃいマイし
ほか各番の歌詞が縦に続く

Variation バリエーション

その1　泣いたり笑ったり！

1 ♪なきましょう

2 ♪わらいましょう

3 ♪なかないで

4 ♪おこりましょう

その2　旗を上げ下げして！

1 ♪パンダあげて

2 ♪うさぎあげない

3 ♪うさぎあげて

4 ♪パンダさげる

すぐに楽しめるあそびうた

わたしとエクササイズ

リズムに合わせて保育者のまねをしながら、
かっこよくポーズを決めましょう！

体を動かすのって楽しい！この曲はポーズを1回ずつ決めればよいので、誰でも簡単にすぐにできます。子どもたちといっしょに楽しんでみてくださいね。

とにかくダンサーになったつもりで、はじけて遊んでね！　恥ずかしい気持ちは捨てて踊っちゃいましょう!!

1 ♪わたしとエクササーイズ　エブリバディ ゴー！
　　みんなたのしくー　おどろうよー！

両手の人さし指を立てて腕を
伸ばし、左右に揺らします。

2 ♪ワン

保育者が1つポーズをします。

3 ♪(ワン)

子どもがまねをします。

4 ♪ワンツー

保育者が「♪ワン」「♪ツー」に合わせて2つポーズ。

5 ♪(ワンツー)

子どもがまねをします。

6 ♪ワンツースリー

保育者が「♪ワン」「♪ツー」「♪スリー」に合わせて3つポーズ。

7 ♪（ワンツースリー）

子どもがまねをします。

8 ♪フォー

保育者が、キメのポーズをします。

9 ♪（フォー）

子どもがまねをします。

バリエーション Variation

2〜3番も、自由にポーズを変えて、同様に遊びましょう。

わたしとエクササイズ

作詞／増田裕子
作曲／平田明子

1.〜3. わたしとエクササイズ　エブリバディゴー！
みんなたのしくー　おどろうよ！

（ワン）　（ワン）　ワン　ツー　（ワン）　ツー
ウー　（ウー）　ウー　ハー　（ウー）　ハー
エクサ　（エクサ）　エクサ　サイズ　（エクサ）　サイズ

ワン　ツー　スリー　（ワン　ツー　スリー）　フォー　（フォー）
ウー　ウー　ハー　（ウー　ウー　ハー）　ハー　（ハー）
ワン　ツー　スリー　（ワン　ツー　スリー）　フォー　（フォー）

すぐに楽しめるあそびうた

なげキッス

友達に向かって投げキッス！
さあ、キャッチできるかな？

投げキッスって、ちょっと恥ずかしくなっちゃうかもしれないけど、歌に合わせてやってしまえば大丈夫！ みんなで楽しく遊んでみてけろね。

子どもたちとあちこちたくさん投げて、遊んでみてぽん！

1 ♪チュッチュチュー チュチュ チュッチュチュー ×2回

両手をチョキにして、リズムに合わせて左右交互に口に当てます。

2 ♪なげキッス

「♪なげキッ」で両手を口に当て、「♪ス」で腕をパッと前に出して投げキッス。

3 ♪おでこー（おっ）

投げキッスのポーズのまま、友達に向かって「♪おでこ」とうたいます。相手は、おでこを押さえます。

4 ♪なげキッス

2と同様にします。

5 ♪ほっぺー（おっ）

3の要領で、「♪ほっぺ」とうたったら、相手は両頬を押さえます。

6 ♪なげキッス　おなかー（おっ）

「♪なげキッス」は**2**と同様にします。続いて、**3**の要領で「♪おなかー」とうたったら、相手はおなかを押さえます。

7 ♪なげキッス　キャッチー（おー）

「♪なげキッス」は**2**と同様にします。続いて、**3**の要領で「♪キャッチー」とうたったら、相手は投げキッスをキャッチ！

Variation
バリエーション

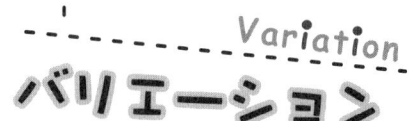

「♪おでこー」「♪ほっぺー」「♪おなかー」の部分を自由に替えて遊んでも楽しく遊べます。

♪ひーざー

ひざ
おっ

♪せなかー

せなか
おっ

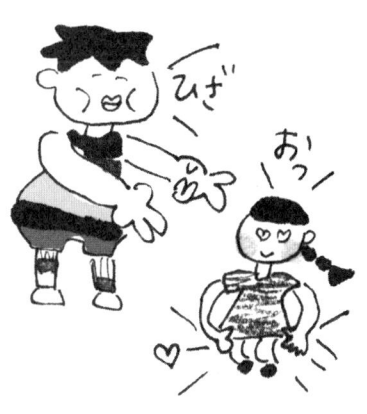

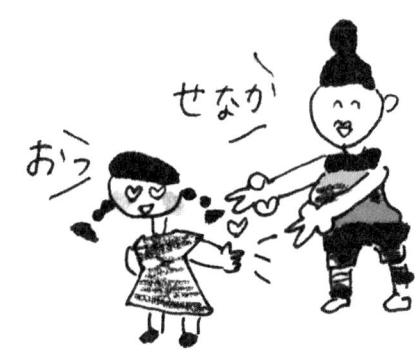

なげキッス

作詞／平田明子
作曲／増田裕子

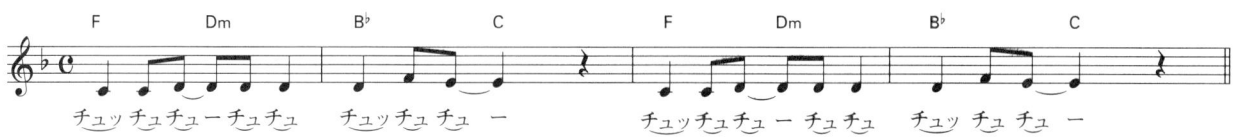

F Dm B♭ C F Dm B♭ C
チュッ チュ チュー チュ チュ チュッ チュ チュー チュッ チュ チュー チュ チュ チュッ チュ チュー
F Dm B♭ C F Dm B♭ C
な げ キッ ス お で こ ー (おっ) な げ キッ ス ほ っ ぺ ー (おっ)
F Dm B♭ C F Dm C7 F
な げ キッ ス お な か ー (おっ) な げ キッ ス キャ ッ チ ー (おー)

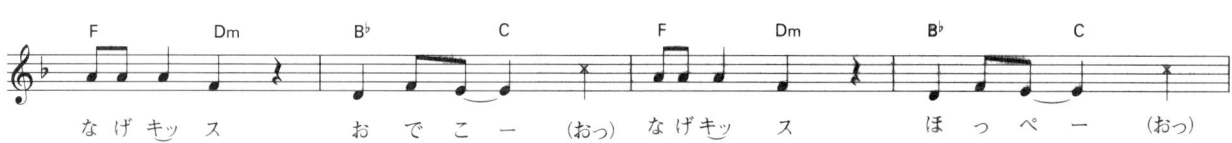

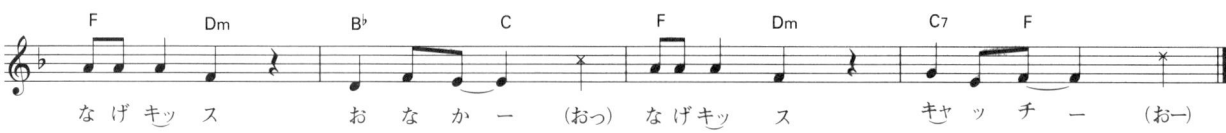

すぐに楽しめるあそびうた

フルーツポンチ音頭

春にぴったりの手軽なまねっこ遊びです。
新しいクラスの仲間と楽しく遊んで、みんな仲良しに！

相方のポンチは、広島にある平田観光農園という大きな農園の娘さん。この歌はまさにその農園のテーマソングといってもよいでしょう。「♪うまポンチ〜」は「おいしい」という意味です。みんなでうたって踊ってね〜♪。

フルーツがまぜこぜに入った食べ物をフルーツポンチというのはなぜでしょう？ フルーツも子どもたちもいろんな味がまざっておいしい!! ということで、みんなでドドンと踊ってポンチ!!

前奏

みんなで輪になり、音楽に合わせて「パパンのパン」のリズムで手拍子をします。

1 ♪やー

右足を１歩前に踏み出しながら、両手をハの字に振り下ろします（２呼間）。次の２呼間で左足を右足にそろえて、１回手をたたきます。

22

2 ♪ーまの むこうの

1の要領で、左足を踏み出しながら両手を八の字に振り下ろし、次の2呼間で右足を左足にそろえて、1回手をたたきます。

3 ♪そのむこう（そのむこう）

1・2と同様にします。

4 ♪くー

右手を額に、左手を腰に当てて、右足を1歩踏み出します（2呼間）。
次の2呼間で左足を右足にそろえて、1回手をたたきます。

5 ♪ーだもの むーらが

4の要領で、左手を額に、右手を腰に当てて、左足を1歩踏み出します。次の2呼間で右足を左足にそろえて、手を1回たたきます。

6 ♪あったとさ（あったとさ）

4・5と同様にします。

7 ♪りんごがり（よいしょ）…ももがり（よいしょ）

右足を前に踏み出しながら、右手を前に出して果物を取るしぐさをします（1呼間）。次の1呼間で左足を右足にそろえて、右手の果物を左手に載せるしぐさをします（この動作を8回行います）。

8 ♪おなかいっぱい

右手と左手を交互におなかに付けながら前進します。

9 ♪ぽんぽこりん

8の動作を右手、左手、右手と繰り返します。

10 ♪あまくておいしい ぽぽんーのぽん

左手から順に、8・9と同様にします。

11 ♪フルーツポンチで うーまぽーんーち

両手を上げながらその場で一周し、キメのポーズ！

Variation
バリエーション

2番も、最後のキメのポーズを自由に変えて、同様に踊りましょう。

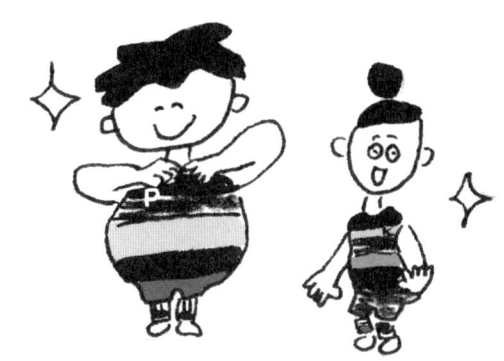

フルーツポンチ音頭

作詞／増田裕子
作曲／平田明子

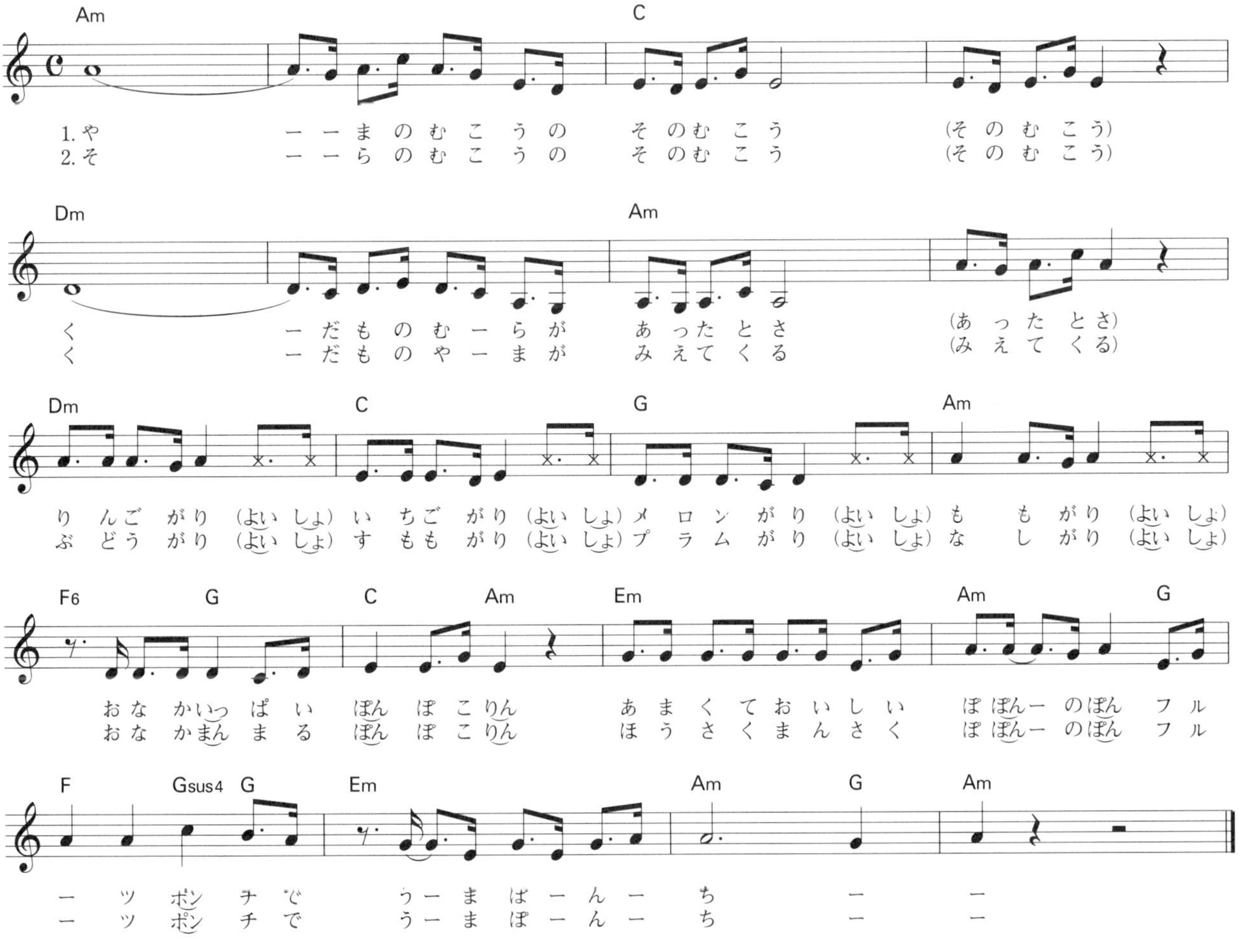

Am C
1. や ーーまのむこうの そのむこう (そのむこう)
2. そ ーーらのむこうの そのむこう (そのむこう)
Dm Am
く ーだものむーらが あったとさ (あったとさ)
く ーだものやーまが みえてくる (みえてくる)
Dm C G Am
りんごがり (よいしょ) いちごがり (よいしょ) メロンがり (よいしょ) ももがり (よいしょ)
ぶどうがり (よいしょ) すももがり (よいしょ) プラムがり (よいしょ) なしがり (よいしょ)
F6 G C Am Em Am G
おなかいっぱい ぽんぽこりん あまくておいしい ぽぽんーのぽん フル
おなかまんまる ぽんぽこりん ほうさくまんさく ぽぽんーのぽん フル
F Gsus4 G Em Am G Am
ーツポンチで うーまぱーんーち ー ー
ーツポンチで うーまぽーんーち ー ー

すぐに楽しめるあそびうた
ジャックとジョン

ジャック、ジョン、ジェニファー、ジェジェ…。
出てくる名前に合わせてポーズができるかな!?

反射神経が養われる(?)あそびです。歌に合わせてリズミカルに遊んでみましょう。

名前を呼ばれたら、なんだかうれしい。それを遊びにしちゃいました。なりきって遊んじゃおう！

1番

1 ♪ぼくのーなまえは ジャック（Hi！）

ジャックのポーズ

リズムに合わせて手拍子をしながらうたい、「♪Hi！」で片手を上げて挨拶をします（ジャックのポーズ）。

2 ♪ぼくのーいぬは ジョン（ワン！）

ジョンのポーズ

手拍子をしながらうたい、「ワン！」で手をグーにして下に伸ばし、ほえます（ジョンのポーズ）。

3 ♪ふたりは なかよし

片手を腰に当てながら、もう片方の手はグーにして親指を立て、外に倒します。この動作を左右交互に繰り返します。

4 ♪どこへいくのも いっしょさ

両手でかいぐりをし、「♪いっしょさ」の「♪さ」で両手を上げます。

5 ♪ジャック（Hi！） ジョン（ワン！） ×2回

「♪ジャック」「♪ジョン」のところは一呼吸置いて、「Hi！」「ワン！」で、それぞれジャック、ジョンのポーズをします。

6 ♪ジャックとジョンは なかよしこよし

手拍子をしながらうたいます。

2番

7 ♪わたしのなまえは ジェニファー（Hello!）

ジェニファーのポーズ

手拍子をしながらうたい、「♪Hello!」で片手は腰に、もう片方の手は人さし指を立てて顎に当てます（ジェニファーのポーズ）。

8 ♪わたしのねこは ジェジェ（ニャー！）

ジェジェのポーズ

手拍子をしながらうたい、「♪ニャー！」でねこのような手をしながら、鳴きまねをします（ジェジェのポーズ）。

9 ♪ふたりはなかよし… …なかよしこよし

3から6と同様にし、「♪Hello!」「♪ニャー！」では、それぞれジェニファー、ジェジェのポーズをします。

10 ♪ジャック（Hi） ジョン（ワン！）… …なかよしこよし (Hi!)(Hello!)

詞に合わせて、「♪Hi！」「♪ワン！」「♪Hello!」「♪ニャー！」でそれぞれのポーズをします。最後の「♪ジャックとジョンはなかよしこよし」は手拍子をしながらうたい、ジャックかジェニファーのポーズをして終わります。

Variation バリエーション

歌詞を、自分や友達の名前に替えて、自由なポーズと返事で遊びましょう。

♪きみのなまえはたけし（オー！）　　♪ぼくのなまえはゆうじ（ハーイ！）

ジャックとジョン

作詞／平田明子
作曲／増田裕子

※名前の所は、楽譜にとらわれず大きな声でうたいましょう。

すぐに楽しめるあそびうた

フンフフン

言葉遊びのような歌詞が楽しい！
指、手、足、お尻…と、徐々に動かす部分が増えていきます。

> リズムをとりながら体を動かすのって楽しい！
> なんとなく鼻歌まじりのこの曲に合わせて、自由に体を動かして遊んでみてね。

> 子どもたちは「変」なことや「めっちゃくちゃ」なことが好きだなあとよく思います。この踊りはちょっと変でちょっとめちゃくちゃです。子どもたちと自由にアレンジして遊んでみてくださいね。

1番

1 ♪フンフフンー　フフン
　　フンフフンー　フフン
　　フンフフンー　フフン
　　フン

2 ♪フンフフンー　フフン
　　フンフフンー　フフン
　　フンフフンー　フフン
　　フン

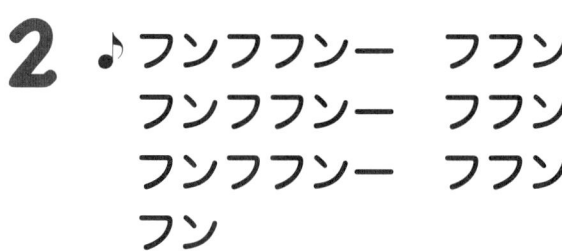

リズムに合わせて右手の指を鳴らすしぐさをします。

左手も加えて、両手で指を鳴らすしぐさをします。

2番

3 ♪ブンブブンー　ブブン
　　ブンブブンー　ブブン
　　ブンブブンー　ブブン
　　ブン

右手をグーにしてブンブン振ります。

4 ♪ブンブブンー　ブブン
　　ブンブブンー　ブブン
　　ブンブブンー　ブブン
　　ブン

左手もいっしょにブンブン振ります。

3番

5 ♪バンババンー　ババン
　　バンババンー　ババン
　　バンババンー　ババン
　　バン

両手と両足をいっしょにブンブン動かします。

4番

6 ♪ボンボボンー　ボボン
　　ボンボボンー　ボボン
　　ボンボボンー　ボボン
　　ボン

お尻もいっしょにブンブン動かします。

5番

7 ♪フンフフンー　フフン…
　　…バンババンー　ババン
　　ボン！

全身を動かしながらその場を回り、

「♪ボン！」でキメのポーズ！

バリエーション / Variation

指、手、足、お尻の動かす順番を変えたり、首や肩など、他の部分を動かしたりしても楽しいでしょう。

フンフフン

作詞／増田裕子
作曲／平田明子

すぐに楽しめるあそびうた

おさるのウッキー

木に登ったり、ぶら下がったり…
かわいいおさるさんになった気分で遊びましょう。

小さい頃、おさるとかチンパンジーとか呼ばれておりました。落ち着きのない子だったからでしょう（笑）。おさるのように、おちゃらけて遊んでみてけろね〜。

おさるは木に登ったりバナナを食べたり、いろんなことをします！　おさるになりきって、いろんな動きをやってみましょう！

1番

1 ♪おさるのウッキー

「♪おさるの」で、肘を右方向に出して揺らし、「♪ウッキー」で腕を正面に戻して、同様に揺らします。

2 ♪きのぼりじょうず

1の動作を左方向で行います。

3 ♪スルスルスルスル スルスル

木登りをするしぐさをします。

4 ♪じょうずにのぼる

「♪じょうずに」で片方の手をグーにして頭に載せ、「♪のぼる」でもう片方の手をグーにして顎に付けます。

5 ♪ウッキキ ウキウキキー

両手はグーのまま、さるのように、左右交互に腕を上下に動かします。最後の「♪キー」で両手を頭に載せます。

2番

6 ♪おさるのウッキー…
　　…ブラブラブラブラ…
　　… ウッキキ
　　ウキウキキー

「♪ブラブラ…ブラブラ」のところで、木にぶら下がるしぐさをします。他は1番と同様にします。

3番

7 ♪おさるのウッキー…
　　…モグモグモグモグ…
　　… ウッキキ
　　ウキウキキー

「♪モグモグ…モグモグ」のところで、バナナを食べるしぐさをします。他は1番と同様にします。

4番

8 ♪おさるのウッキー…
　　…キャキャキャキャ…
　　…ウッキキ
　　ウキウキキー

「♪キャキャキャキャ…キャキャキャキャ」のところで、楽しそうにはしゃいでいるしぐさをします。他は1番と同様にします。

9 ♪スルスル　スルスル
　　…スルスル　ブラブラ
　　…モグモグ
　　キャキャキャキャ

歌詞に合わせて、木登りのしぐさ、木にぶら下がるしぐさ、バナナを食べるしぐさ、はしゃぐしぐさを4回繰り返します。

10 ♪おさるのウッキー
　　　ウッキキ　ウキウキキー

4～5と同様にします。

Variation バリエーション

おさるのウッキーは他にどんなことをするかな？ みんなで考えて替え歌を作って遊びましょう。いくつ考えつくかな？

♪ジャンプがじょうず

♪怒るの大好き

おさるのウッキー

作詞／増田裕子
作曲／平田明子

1. おさるの ウッキー きのぼりじょうず スルスル スルスル スルス ル じょうずにのぼる ウッキキ ウキウキ キー
2. おさるの ウッキー きにぶらさがる ブラブラ ブラブラ ブラブ ラ のんびりぶらり ウッキキ ウキウキ キー
3. おさるの ウッキー バナナがだいすき モグモグ モグモグ モグモ グ おいしくたべる ウッキキ ウキウキ キー
4. おさるの ウッキー わらうのだいすき キャキャキャキャ キャキャキャキャ キャ キャキャキャ わらいじょうご ウッキキ ウキウキ キー

4 times Repeat ※

スルスルスルスル　スルスルスルスル　ブラブラブラブラ　ブラブラブラブラ
モグモグモグモグ　モグモグモグモグ　キャキャキャキャキャキャキャキャ　キャキャキャキャキャキャキャキャ
スルスルスルスル　ブラブラブラブラ　モグモグモグモグ　キャキャキャキャキャキャキャキャ
スルスルブラブラ　モグモグキャキャーキャ　スルスルブラブラ　モグモグキャキャキャキャ

おさるの ウッキー ウッキキウキウキ キー

※3段目の ‖: :‖ を4回繰り返します。

すぐに楽しめるあそびうた

サンサンサンタ

クリスマスにぴったりのワクワクする曲です。
みんなで輪になって楽しもう！

「**メ**リークリスマス」を略して「メリクリ」という最近の若者言葉（？）を使ってみました。みんなで輪になって楽しいクリスマスを〜。

クリスマスはやっぱりみんなで踊りたい！　ということで、サンサンサンタ！　みんなでわいわい踊ってね！ヘイ！

1　♪きょうはたのしいー

サンタ役を1人決めます。みんなで輪になり、サンタ役の人は輪の中央に立ちます。「♪きょうはたのしい」で、右手を揺らし、左手は腰に当てます。

2　♪クリスマス

1の要領で、左手を揺らし、右手は腰に当てます（※2以降も輪になって遊びます）。

3 ♪サンタのおじさん

両手を拳にして縦に重ね、ひげを表現しながら、「♪サンタの」で右に、「♪おじさん」で左に体を揺らします。

4 ♪やってくる

両手は3の状態のまま、「♪やってく」で体をまっすぐにします。「♪る」で両手の手のひらを上に向けて、前にさし出します。

5 ♪サンサンサンタ　サンサンタ
　　メリクリメリクリ　サンサン　サンタ ）×2回

タッチ！

♪サンサン サンタ…

サンタ役の人は、みんなの手のひらに順番にタッチしながら回っていきます。

6 ♪（ヘイ！）

ヘイ！

サンタ役の人は、輪の1人と両手をつないで高く上げます。その人が次のサンタ役になり、同様に繰り返します。

Variation
バリエーション

人数が多いときは、二重の輪になって遊んでも楽しいでしょう。「♪サンサンサンタ…」のところでは、輪の内側の人が回りながら向かい合った人とタッチしていき、「ヘイ！」で、輪の内側と外側の人が入れ替わります。

サンサンサンタ

作詞／増田裕子
作曲／平田明子

きょうはたのしいー クリスマス　サンタの おじさん やってくる
サンサン サンタ サ ン サンタ　メリクリ メリクリ サンサン サンタ
サンサン サンタ サ ン サンタ　メリクリ メリクリ サンサン サンタ（ヘイ！）サンサン サンタ（ヘイ！）

すぐに楽しめるあそびうた

オープン クローズ

英語の歌詞に合わせて、
手や目を開いたり閉じたりして楽しみましょう。

> 子どもの頭は柔らかい。柔らかいうちに、遊びながら、うたいながら、英語をスムーズに覚えちゃおう～♪

> 子どもたちは「挑戦する」ことが好きだよね！ 開く、閉じる、の単純な繰り返しですが、意外に難しい。子どもたちとレッツ・チャレンジ！

1番

1 ♪オープン　クローズ
　　オープン　クローズ
　　オープン　クローズ

両手を前に出します。歌詞に合わせて、「♪オープン」で両手を開き、「♪クローズ」で閉じる動作を繰り返します。

2 ♪オープン！

両手を開いてポーズ！

3 ♪クローズ　オープン　クローズ　オープン　クローズ　オープン

歌詞に合わせて、「♪クローズ」で両手を閉じ、「♪オープン」で開く動作を繰り返します。

2番

4 ♪クローズ！

両手を閉じてポーズ！

5 ♪オープン　クローズ……　…クローズ！

1番の要領で、歌詞に合わせて両目を開いたり閉じたりします。

3番

6 ♪オープン　クローズ…
　　　…クローズ！

1番の要領で、歌詞に合わせて口を開いたり閉じたりします。

4番

7 ♪オープン　クローズ…
　　　…クローズ！

1番の要領で、歌詞に合わせて膝を開いたり閉じたりします。

5番

8 ♪オープン　クローズ…
　　　…クローズ！

1番の要領で、両手、両目、口、膝を同時に開いたり閉じたりします。

Variation バリエーション

曲に合わせて他の動作もやってみましょう。

♪アップとダウン
目や肩を上げたり下げたりしてみる。

♪バタフライとアント
ちょうちょうやありになりきる。

♪ジャンプとシェイク
全身で跳ねたり、体を揺らしたりする。

♪ムーブとストップ
動いたり止まったりしてみる。

オープン クローズ

作詞／平田明子
作曲／増田裕子

1.～5. オー プン クローズ　オー プン クローズ　オー プン クローズ　オープン！
クローズ　オー プン クローズ　オー プン クローズ　オー プン クローズ！

Repeat 5 times

すぐに楽しめるあそびうた

サンドイッチ！

手をパンに見立てて、いろいろな具を挟んで
サンドイッチを作りましょう。

サンドイッチは、子どもたちも大好き。ジャムとか、ピーナッツバターとか、いろんな具を考えてアレンジして遊んでみてね！

同じクラスで数か月たつと、子どもたち同士の関係がよくなりますよね！ だから触れ合い遊びが盛り上がる！ぜひやってみてぽん！

1回目

1 ♪イチドイッチ

友達とペアになり、両手の人さし指を立てます。

2 ♪ニドイッチ

両手の人さし指と中指を立てます。

3 ♪サンドイッチ つくりましょ

両手の人さし指、中指、薬指を立てて、「♪つくりましょ」で揺らします。

4 まずはパンを ようして

2人が、片手をさし出し、それぞれ手のひらを上にして重ねます。

5 ♪バターをぬりぬり ぬりまして

手をパンに見立てて、バターを塗るまねをします。

6 ♪チーズをポーンと
のせまして

片手をチーズに見立てて載せます。

7 ♪さいごにパンを
パン！

「♪さいごにパンを」で片手を上げ、「♪パン！」で友達の手をパチンと挟みます。

8 ♪おいしいサンドイッチ
できあがり！
あむあむあむ…

手をサンドイッチに見立てて、食べるまねをします。

Variation バリエーション

慣れてきたら、サンドイッチゲームはいかがでしょうか。**6**まで同様にし、**7**でチーズの役の人は、上からパンが来ると同時に逃げます。

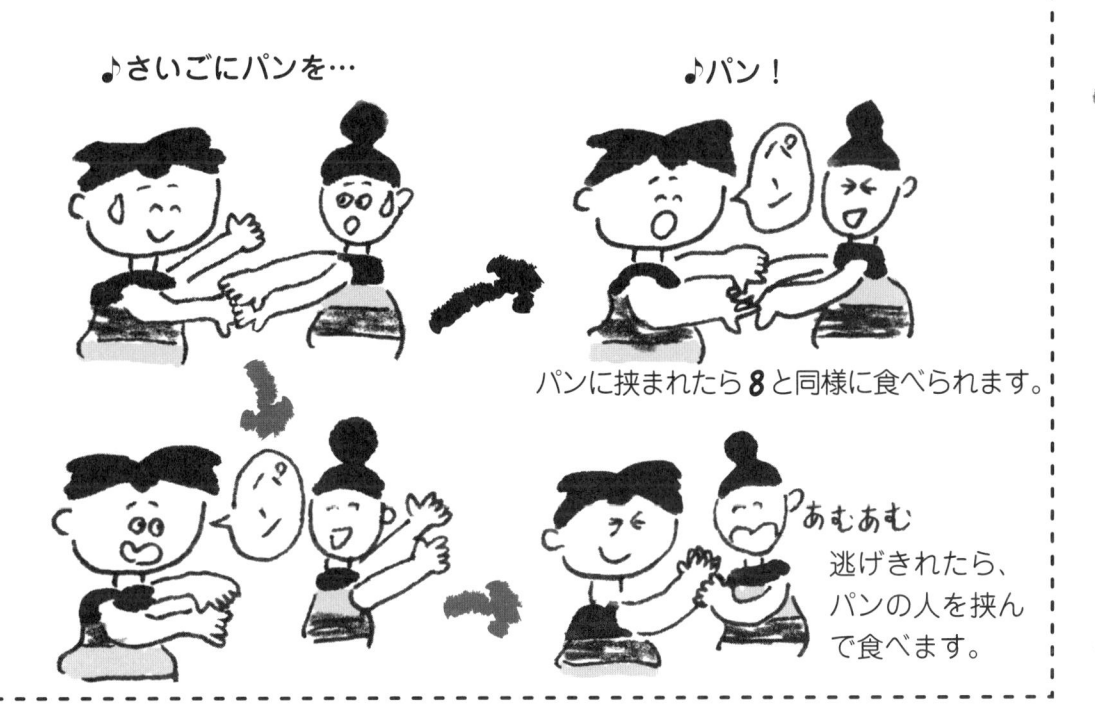

♪さいごにパンを…　　　　　　　　　♪パン！

パンに挟まれたら**8**と同様に食べられます。

あむあむ
逃げきれたら、パンの人を挟んで食べます。

サンドイッチ！

作詞／平田明子
作曲／増田裕子

1.〜3. イチドイッチ　ニドイッチ　サンドイッチ　つくりましょ　まずはパンをよういして

バターをぬりぬり　ぬりまして　｛チーズを　ポーンと／たまごを　もじょもじょ／バナナを　ペタペタ｝　のせまして

さいごにパンを　パン！　おいしいサンドイッチ　できあがり！　あむあむあむ…

卒園の時期にピッタリの歌

あのひのことをわすれない

「怒ったこと、泣いたこと、笑ったこと、
いろんなことがあったね！」
という気持ちをこめてみんなで元気にうたおう！

作詞／平田明子
作曲／増田裕子
ピアノアレンジ／本田洋一郎

1. あそんだこと けんかしたこと ないたこと おこったこと
   はしったこと うたったこと みんな なつかしい おもいで
   みんなと あそんだ たくさんの おもいでを むねに

2. にゅうえんしき うんどうかい なつまつり はっぴょうかい
   おとまりかい えんそく みんな なつかしい おもいで
   たーのしかった たくさんの おもいでを むねに

お別れはさみしいけれど、元気に明るくうたってほしい歌です。友達と腕や肩を組んでうたったり、歩いてうたったりしても楽しいです。

こんなにたくさんの人が生きている地球で、こうして出会えたことを一番の宝物にして歩いていってほしいです。声を合わせてうたおう!!

{ぼーくーらは そつえんいたします
わたーしたち もうすぐ いちねんせい}

あのひのことを わすれないー きみがいて みんないて

あのひのことを わすれないー たいせつな たからもの らもの

らもの

1 前奏…♪あそんだことー…そつえんいたします

リズムに乗って体を左右に揺らす。

2 ♪あのひのことをわすれないー

両手を上に上げ、体を左右に揺らす。

3 ♪きみがいて

右手を左胸に当てる。

4 ♪みん

左手もクロスして同様に。

5 ♪ないて

そのまま左右に体を揺らす。

6 ♪あのひのことを
わすれないー
たいせつな
たからも

2〜4と同様にして、左右に体を揺らす。

7 ♪の

両手を体の前に差し出す。

2番

1番と同様に。

ツバメ

卒園の時期にピッタリの歌

旅立ちにぴったりの歌。できることが増えやりたいことが増え、
子どもたちは少しずつ自分の力で歩き始めます。
そんな子どもたちの巣立ちをうたってみんなでお祝いしましょう！

作詞・ピアノアレンジ／増田裕子
作曲／平田明子

1. いつのまにかのきしたに　ツバメのすがあったー　チュピチュピないてた　ひなどりたちがー　おとしたにーツバメのすがあったー
2. あっというまにぼくらもーすだつときがきたー　ワハハハエヘヘヘ　いっしょにあそんだー　ともだちのえがお

ツバメ ツバメ ツバメー あおぞらにとんで　ゆくー ツバメ ツバメ ツバメー おおきなはねをひろげて
ツバメ ツバメ ツバメー くもをこえとんで　ゆくー ツバメ ツバメ ツバメー おおきなゆめをのせて

子どもたちの成長は早く、卒園もあっという間にやってきます。ツバメのように、子どもたちも元気に大きく羽ばたいていってほしいですね。

大きくなったよろこびを歌声にのせて、のびのびとうたってほしいです！

著者紹介

ケロポンズ

ケロこと増田裕子と、ポンこと平田明子のスーパーデュオ。歌、遊び、体操、ミュージックパネルなどの創作、また全国各地のステージ、子ども番組に出演と幅広く活動。『ケロポンズのわくわくあそび島』（チャイルド本社）他、CDや本など多数。
HP は http://www.kaeruchan.net/

表紙画●長谷川義史
表紙デザイン●檜山由美
本文デザイン●竹内玲子
本文イラスト●山元かえ
楽譜制作●クラフトーン
編集協力●青木美加子
楽譜校正●高松紫音
編集●石山哲郎　飯島玉江

ポットブックス
ケロポンズの
あそびうた同好会 CD-BOOK

2012年7月 初版第1刷発行
著者／ケロポンズ　©KEROPONS 2012
発行人／浅香俊二
発行所／株式会社チャイルド本社
〒112-8512 東京都文京区小石川5－24－21
電話：03-3813-2141（営業）　03-3813-9445（編集）
振替：00100-4-38410
〈日本音楽著作権協会（出）許諾第1206495-201号〉
印刷・製本／図書印刷株式会社
ISBN／978-4-8054-0200-9　C2037
NDC 376　26×21cm　56P

チャイルド本社ホームページアドレス
http://www.chidbook.co.jp/

チャイルドブックや
保育図書の情報が盛りだくさん。
どうぞご利用ください。

◎乱丁・落丁はお取り替えします。
◎本書を無断で複写複製することは、法律で認められた場合を除き、
　著作権者及び出版社の権利の侵害となりますので、その場合は予め小社あて許諾を求めてください。